BRISSET-BONNETAIN

La Taxation

des Bénéfices

de Guerre

(Guide-comptable)

L. VAUDECRANE et Cⁱᵉ

Editeurs

1, Rue, Taitbout, 1

PARIS

PRIX : 0 Fr. 75

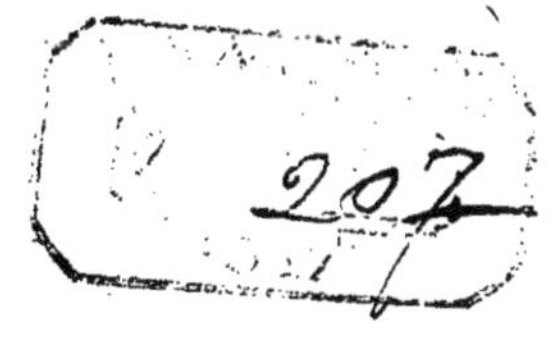

INTRODUCTION

L'Administration des Publications Vaudecrane et Cie a pensé être utile aux négociants et aux comptables en priant l'un de ses collaborateurs, M. Brisset-Bonnetain, de traiter la question des bénéfices de guerre, au point de vue de sa répercussion en comptabilité.

Nos lecteurs trouveront ici les renseignements indispensables et les données certaines, pour l'établissement du quantum à réserver à l'Etat.

Combien ai-je fait de bénéfices assujettis à la taxation?

Comment réserver ce montant dans l'établissement de mon bilan ?

Quelles écritures dois-je passer avant et après le versement fait au fisc?

Sont des questions auxquelles il sera aisé de répondre quand on aura lu le guide pratique que nous offrons aujourd'hui, à ceux qu'il intéresse.

Notre but a toujours été de satisfaire aux besoins commerciaux et administratifs du monde des affaires.

Nos diverses publications attestent que nous n'avons pas failli à cette tâche.

Nos efforts, dans cette voie, continuent, et l'avenir prouvera mieux encore, que nous méritons la sympathie de ceux qui nous font confiance.

LA TAXATION
des Bénéfices de Guerre

GUIDE-COMPTABLE

Bien que nombre de commerçants souffrent de la guerre, il en est de plus heureux qui en profitent largement. Aussi, trouvons-nous juste qu'une loi d'exception vienne rappeler leurs devoirs à ces derniers et les obliger à participer, dans une faible proportion, aux charges écrasantes que la Nation s'impose.

L'abandon d'une partie des bénéfices supplémentaires réalisés par tous ceux pour qui la guerre est productive, est une contribution équitable. Et, j'en connais qui seraient heureux d'avoir à la payer ; leurs versements, de ce chef, aux caisses du Trésor, prouveraient la prospérité de leurs affaires.

Cette taxation à cinquante pour cent des profits nets ayant dépassé les bénéfices normaux calculés sur la moyenne des trois années précédant les hostilités, doit être légère à acquitter. Combien, dans ceux qui ne paieront pas, auront perdu sans espoir de récupération. Si donc certains paient, par excès de profits, ce seront encore eux les privilégiés.

Il était difficile à l'Etat de se faire une plus grosse part ; mais, il eût peut-être été naïf de se la tailler plus petite. La proportion de moitié d'un boni supplémentaire et occasionnel est logique ; elle n'enlève à l'assujetti qu'une part de superflu, alors que d'autres n'ont point leur nécessaire,

Je ne veux pas examiner la loi du 1er juillet 1916 au point de vue juridique, parce que j'estime qu'une loi de durée temporaire, faite pour opérer une reprise passagère de bénéfices exceptionnels, ne peut être parfaite. Toute la législation fiscale subit des modifications constantes qui ont pour but de tempérer les imperfections, révélées seulement par l'usage. Cette loi, comme les autres, a ses défauts, mais nous lui retirerions de sa force et de son prestige, si nous la discutions. Le principe qu'elle pose est la justice même, et, sans vouloir préjuger des dispositions d'esprit de ceux qui auront à l'appliquer, je pense qu'ils devront en faire un usage rigoureux et étendu. Si quelque différend s'élève entre l'administration et certains assujettis essayant de se dérober à leurs obligations, il est à souhaiter que les magistrats chargés de le trancher, créent une jurisprudence sans faiblesse.

Le législateur a voulu atteindre tous ceux qui, n'étant astreints à aucune obligation militaire ont réalisé, à la faveur des circonstances, de bonnes affaires. Il serait immoral, dans ces conditions, de favoriser la fraude par une interprétation débonnaire des textes légaux.

C'est seulement la répercussion comptable de la loi du 1er juillet 1916 que nous examinerons ici.

Les assujettis doivent ouvrir un chapitre spécial "Taxation de guerre"

Sont assujettis à la taxation de leurs bénéfices nets tous ceux qui, même non commerçants, ont, à quelque titre que ce soit, participé aux avantages d'un contrat de fournitures avec l'Administration ; le sont aussi, tous ceux qui, étant patentés ou patentables, ont réalisé depuis le début des hostilités, des bénéfices supérieurs à ceux qu'ils faisaient autrefois. Sont seuls dispensés de cette obligation, les agriculteurs ayant vendu leurs récoltes à l'Etat.

Donc, tous les établissements commerciaux dont la prospérité s'est accrue depuis le 2 août 1914, doivent la taxe ; que leurs bénéfices proviennent ou non des marchés de la guerre.

Dans la comptabilité des assujettis, cette taxation doit faire **l'objet** de l'ouverture préalable aux « comptes généraux » d'un chapitre spécial que nous appellerons : *Taxation de guerre.*

Ce poste devra être créé avant l'arrêté des comptes d'inventaires et figurer pour le montant à payer, au passif du bilan.

Nous ne pouvons, en effet, considérer cette contribution comme celles que, chaque année, nous acquittons et dont le montant est passé, en fin d'exercice, dans les frais généraux. Le chapitre habituel « Contributions diverses » doit rester étranger aux taxes d'exception ; surtout, quand celles-ci sont basées sur le montant des bénéfices nets réalisés, comme l'est celle dont nous nous occupons. Si nous agissions autrement et si nous passions, lors de son versement, la somme payée, de « Caisse » à « Contributions diverses », pour, en fin d'année, la faire figurer aux frais généraux, nous ne ferions pas autre chose que frustrer le Trésor. Je m'explique :

Prenons, comme exemple, un commerçant ayant réalisé un bénéfice net annuel d'avant-guerre de 30.000 francs et dont les profits ont doublé au cours de l'année 1915.

Si le comptable de ce commerçant établit un bilan en fin d'exercice 1915, sans avoir créé un poste provisionnel de *Taxation de guerre,* il portera ultérieurement, lors du paiement de la contribution, le montant de celle-ci à un poste devant disparaître lors des écritures d'inventaire de 1916. Or, cette façon d'opérer diminuera d'autant les bénéfices de l'année, car si en 1916 nous payons 15.000 francs à l'Etat pour Taxation de 1915 et que nous bloquions cette somme aux frais généraux, nous aurons, en 1916, 15.000 francs de frais généraux de plus qui viendront grever nos résultats et réduire nos bénéfices nets à 45.000 francs, si nous supposons que les deux années soient égales.

Le partage avec l'Etat se fera donc sur le surplus de 30.000 fr., soit sur 15.000 fr. au lieu de se faire sur 30.000 fr. comme l'année précédente.

Il est à remarquer que cette façon d'opérer est inattaquable en droit et qu'il eût suffi de quelques mots incorporés au texte de la loi pour fixer ce point, qui certainement donnera lieu à des interprétations diverses et peut-être même à des litiges entre les contribuables et l'Administration. D'autre part, la loi ayant été promulguée à une date à laquelle les écritures de beaucoup de maisons de commerce étaient arrêtées, pour l'année 1915, le poste provisionnel n'a pu être établi au bilan de ces entreprises. Souvent même, il a dû se produire que la répartition des bénéfices avait été effectuée.

Dans ce cas, quel compte devra-t-on débiter du montant payé, si les résultats sont acquis et les bénéfices répartis ?

On ne peut pas faire supporter à l'année 1916 la taxe payée pour 1915, sans frustrer l'Etat d'une part de ce qui lui revient ; il ne faut donc pas songer à créer un compte à amortir. A mon avis, il n'y a pas d'écriture plus normale, dans ce cas, que celle qui consiste à débiter celui ou ceux qui ont participé à la distribution des bénéfices de l'exercice 1915 et dans la proportion même du partage ; que ce soit un chef de maison, plusieurs associés ou des actionnaires. Leur participation de l'exercice suivant en sera réduit d'autant. On pourra toujours, si l'on craint de retenir ce montant intégralement d'une seule fois, échelonner les retenues sur plusieurs exercices.

Comment fixer le montant de la contribution

Maintenant, me direz-vous, comment fixer la part contributive que l'on doit payer à l'Etat?

1° Etablir la moyenne des bénéfices nets de trois exercices ayant précédé la guerre (1er août 1914).

2° Si les bénéfices nets acquis depuis le 1er août 1914 sont supérieurs aux bénéfices moyens trouvés précédemment, créditer le compte provisionnel de la moitié de l'excédent.

En outre, la loi dit ceci :

Le bénéfice normal ne peut en aucun cas, même si le contribuable n'a réalisé d'opérations qu'à partir du 1er août 1914, être évalué à une somme inférieure ni à 5.000 francs, ni à 6 o/o des capitaux réellement engagés par lui et rémunérés dans ses entreprises, tels qu'ils résultent d'actes, de livres de commerce régulièrement tenus ou d'autres preuves certaines.

Pour la comparaison du bénéfice normal avec celui qui a été réalisé au cours de la période de guerre, les bénéfices à comparer sont constitués par la totalisation des produits nets des diverses entreprises exploitées en France par un même contribuable, sous déduction, s'il y a lieu, des pertes résultant d'un déficit d'exploitation dans certaines de ces entreprises.

En ce qui concerne la période du 1er août 1914 au 31 décembre 1915, la comparaison avec le bénéfice normal annuel est faite après avoir majoré celui-ci de cinq douzièmes.

Pour la comparaison du bénéfice réalisé au cours de la dernière période d'imposition avec le bénéfice normal, celui-ci sera, s'il y a lieu, majoré ou diminué d'un nombre de douzièmes égal à la différence entre le nombre de mois compris dans ladite période et un exercice annuel.

Si la loi du 1er juillet 1916 a prévu le cas des commerçants ayant commencé leurs affaires après la date du début de la guerre, elle a pensé aussi aux négociants qui n'ont pas réalisé de gros bénéfices.

C'est ainsi qu'une exonération de taxe avantage les premiers cinq mille francs de bénéfices supplémentaires. Ce qui dispense de payer la taxe ceux qui n'ont pas fait de profits supplémentaires supérieurs à cette somme.

. Nous avons dit précédemment que le commerçant doit créditer le compte *Taxation de guerre* de la moitié des bénéfices excédant la moyenne normale, cette moitié étant prise après défalcation des 5.000 fr. exonérés.

C'est-à-dire, pour reprendre notre exemple, que nous partagerons ainsi nos 30.000 francs de bénéfices supplémentaires :

Bénéfices de l'année .... Fr. 60.000 »

Moyenne des bénéfices normaux .... 30.000 »

Bénéfices supplémentaires .... 30.000 »

Somme exonérée de la taxe.................. 5.000 »

Net à partager avec l'Etat .... Fr. 25.000 »

dont 12.500 fr. pour l'établissement commercial et 12.500 francs au compte « Taxation » pour être versés ultérieurement au fisc.

S'il s'agit de bénéfices exceptionnels qu'il ne faut pas confondre avec les bénéfices supplémentaires, la base d'exonération est la même. En somme, que l'assujetti ait fait ou non du négoce antérieurement à la guerre, qu'il soit courtier, profiteur occasionnel, ou commerçant ayant développé ses affaires, il bénéficiera de l'exonération à la base, sur une somme de cinq mille francs.

Par conséquent, si l'excédent du profit normal, ou si l'ensemble des profits exceptionnels, ne dépassaient pas cinq mille francs, l'Etat n'aurait rien à réclamer.

Nous avons dit aussi que ce serait frustrer le Trésor que d'imputer à une année commerciale, un paiement concernant l'année précédente. Or, cette opinion n'est pas celle de tout le monde ; en effet, certains avocats ayant traité cette question, prétendent qu'on ne peut éviter de faire supporter à un exercice les sommes payées au cours même de celui-ci, que ces paiements le concernent ou non ; attendu, disent-ils qu'on ne pouvait prévoir au début de 1916, lors de l'arrêté des écritures de 1915, que quelques mois après, viendrait une loi prélevant au profit de l'Etat, une partie des bénéfices réalisés et répartis. Ces mêmes commentateurs de la loi émettent l'avis qu'il est impossible de réclamer à des actionnaires, des administrateurs ou des associés, les dividendes, tantièmes ou parts qu'ils peuvent avoir trop perçus. De quel droit, disent-ils, reviendrait-on sur ces versements et comment pratiquement le faire.

Un avocat n'est pas toujours un comptable, sans quoi il saurait qu'il est pratiquement possible de revenir sur un trop versé. Ne le fait-on pas dans les faillites lorsque l'ouverture de celles-ci est rétroactivement reportée à une date antérieure ? Ne peut-on donc pas débiter le compte de celui qui a touché des sommes auxquelles il n'avait pas droit ? Et depuis quand erreur fait-il compte ?

Au surplus, je voudrais bien connaître quelqu'un qui oserait se dérober à un pareil devoir ?

Quand on vient nous dire que l'Etat perdra sa part de bénéfices dans le premier exercice de guerre pour éventuellement la rattraper par la suite, on fait là un raisonnement peu comptable. Les chiffres, quoi qu'on en dise, ne sont pas si facilement truquables sans qu'on s'en aperçoive.

L'Etat n'a point à voir comment les assujettis se tireront d'embarras. Ce qui l'intéresse, c'est que le procédé adopté lui garantisse l'intégralité de ses droits.

Exercice 1914-1915

Les bénéfices devant être calculés depuis le 1er août 1914, le législateur a décidé que le premier exercice de guerre se prolongerait jusqu'au 31 décembre 1915 et aurait, par conséquent, dix-sept mois. Il faudra donc prendre dix-sept douzièmes de la moyenne des bénéfices antérieurs pour les comparer avec ceux réalisés du 1er août 1914 au 31 décembre 1915. Pour les autres exercices, ils seront régulièrement de douze mois sauf pourtant le dernier dont la durée ne peut être connue puisque personne ne peut prévoir le terme des hostilités.

Un négociant dont l'année commerciale ne concorde pas avec le calendrier devra se livrer à un petit calcul. Par exemple : celui qui fait arrêter ses écritures le 30 avril, prendra pour le premier exercice de guerre la période de son année commerciale de 1914-1915, allant du 1er août 1914 au 30 avril 1915, soit 9 mois, auxquels il ajoutera les mois courus du 1er mai au 31 décembre 1915 soit 8 mois de l'exercice 1915-1916. Il lui faudra donc totaliser les 9 douzièmes des bénéfices de l'exercice 1914-15 et les 8 douzièmes de ceux de 1915-16.

L'année suivante, il n'aura plus à prendre que 12 douzièmes, soit 8 de 1915-16 et 4 de 1916-17 et ainsi de suite.

Si tout ou partie des bénéfices de l'exercice 1914-15 ont été répartis, il faut, ainsi que nous l'avons dit, débiter les comptes ayant été crédités, du montant afférent à chacun d'eux. Pour connaître ce montant, il est indispensable d'établir préalablement celui de la taxation par les moyens que nous indiquons au chapitre « Etablissement du Compte, etc. ». Puis, une règle de trois fixera la quote-part qu'ils devront supporter.

Par exemple : si nous avons eu 100.000 fr. de bénéfices dont nous avons fait la répartition suivante :

5 % à la réserve légale	5.000
10 % aux autres réserves	10.000
10 % aux administrateurs	10.000
50 % aux actionnaires	50.000
20 % aux parts-bénéficiaires	20.000
5 % reportés à nouveau	5.000

Il faudra établir un nouveau bilan à l'appui des écritures, dans lequel on dira :

Bénéfice net	Fr.	100.000
— normal moyen		40.000
Bénéfice assujetti à la taxe		60.000
Moins quantum exonéré		5.000
A partager		55.000
Part de l'Etat		27.500
Reste net		27.500
Bénéfice normal		40.000
A répartir		67.500

dont :

5 % à la réserve légale	3.375
10 % aux autres réserves	6.750
10 % aux administrateurs	6.750
50 % aux actionnaires	33.750
20 % aux parts bénéficiaires	13.500
5 % reportés à nouveau	3.375

La conséquence de ces chiffres apparaît facilement : il faudra débiter des sommes suivantes, les comptes ayant été crédités prématurément :

La réserve légale de .... 1.625 fr. trop perçus

Les autres réserves, de .... 3.250 —

Les tantièmes aux administrateurs, de.... 3.250 —

Les dividendes à distribuer, de .... 16.250 —

Les bonis aux parts, de .... 6.500 —

Les « Profits » reportés, de .... 1.625 —

Et si les actionnaires ont déjà touché leur coupon ou si celui-ci a été déclaré ce qui est pareil en droit, le débit porté à leur compte viendra, l'année suivante, diminuer la part leur revenant. La même observation s'applique à chacun des autres comptes.

Amortissements et Réserves

Les réserves et les amortissements prévus sont de deux sortes : 1° ceux qui, normalement, se faisaient chaque année avant la guerre ; 2° ceux qui peuvent résulter du fait de guerre : usure exceptionnelle du matériel, pertes subies ou à prévoir pour faits ou risques de guerre. Dans ces derniers, il faut comprendre : 6 % du capital engagé dans des entreprises sinistrées ou situées en pays envahis, les amortissements habituels afférents à ces entreprises, une provision pour valeurs, capitaux ou intérêts en pays ennemis, une provision pour créances moratoriées, une provision pour procès en cours, une provision pour surprimes payées sur acquisitions du matériel ou constructions en temps de guerre, une provision pour moins-value des valeurs mobilières en portefeuille, une provision pour moins-value du stock de marchandises, si celles-ci sont dépréciées.

Etablissement du Compte
des Bénéfices de guerre imposables

Bien que désireux de taxer les profits du temps de guerre, le législateur a voulu que tous les droits et intérêts des assujettis soient sauvegardés dans une équitable mesure. Dans ce but, il a prévu des amortissements exceptionnels à déduire des bénéfices exceptionnels. Prévoyance et bienveillance dont il aurait parfaitement pu se dispenser et dont il faut le remercier.

Lors donc, quand on voudra établir le compte exact des bénéfices imposables, il ne faudra pas prendre le résultat brut d'un exercice commercial, mais bien dresser un tableau comprenant :

1° LE BÉNÉFICE RÉALISÉ PENDANT UNE ANNÉE DE GUERRE, tel qu'il résulte du compte Pertes et Profits après déduction des frais d'exploitation, mais avant tout amortissement ou dotation des réserves.

2° LE BÉNÉFICE NORMAL, réalisé avant la guerre, ou à défaut de celui-ci, un forfait de 5.000 fr., ou 6 % du capital réellement engagé, ou encore 30 fois le montant du principal de la patente.

Si le bénéfice du temps de guerre est supérieur au bénéfice normal antérieur, on diminuera ce dernier du résultat de l'exercice en compte.

Cette soustraction fera apparaître LE BÉNÉFICE SUPPLÉMENTAIRE BRUT, duquel il faudra déduire :

a) La réserve légale des Sociétés.

b) Les amortissements d'usage avant la guerre.

c) Les pertes subies dans d'autres établissements exploités au nom de l'assujetti.

d) Les amortissements exceptionnels tels qu'ils ont été indiqués au chapitre *Amortissements et Réserves*, c'est-à-dire ceux concernant les succursales en pays ennemi ou envahi et les risques que fait courir la guerre à quelques postes d'actif.

Le chiffre obtenu sera celui des BÉNÉFICES NETS DE GUERRE, duquel nous devrons encore diminuer les 5.000 fr. exonérés de taxe, et nous aurons exactement le montant du BÉNÉFICE A TAXER.

C'est alors que nous diviserons cette somme, pour en laisser la moitié aux bénéfices à répartir et l'autre moitié au compte *Taxation de guerre.*

Les amortissements et réserves exceptionnels devront être judicieusement établis, car la loi permet aux contrôleurs du fisc d'en faire l'étude, la critique et au besoin le procès, non seulement pendant toute la durée de la guerre, mais encore pendant les douze mois qui suivront la fin de celle-ci.

Ces réserves sont donc sujettes à revision, ce qui est fort juste, puisque parmi elles il s'en trouvent dont la création est de pure prévoyance et qui disparaîtront en totalité ou en partie lors du règlement des comptes qu'elles concernent.

Si nous prenons comme exemple la réserve concernant les créances moratoriées, il est certain que nous rentrerons dans une grande partie des sommes ainsi dotées de réserves après la fin des hostilités, donc il est équitable que ces rentrées soient partagées avec l'Etat, puisque la constitution de leurs réserves a diminué d'autant les bénéfices taxés. Il en est de même de tous les autres postes groupés sous la rubrique *Amortissements exceptionnels*.

Nous établirons ainsi notre compte de détermination du bénéfice assujetti :

```
Exercice 1911 (1) ..................... 125.630 15
   —      1912 ..................... 163.428 60
   —      1913 ..................... 142.452 40
                                     ___________
                                     431.511 15
```

dont le tiers est : 143.837 05.

Si notre bénéfice du temps de guerre est de 320.630 fr. 55, en ayant opéré nos amortissements et réserves habituelles du temps de paix,

Nous aurons comme bénéfices supplémentaires, la différence

```
entre ................................................... 320.630 55
et ..................................................... 143.837 05
                                                         ___________
   Soit ............................................... 176.793 50
```

De cette somme, il y aura lieu de déduire :

---

(1) Si l'exercice s'échelonne sur deux années comme c'est le cas des maisons dressant leur inventaire à une autre date que le 31 décembre, nous dirons « exercice 1911-1912 », etc...

Report 176.793 50

Quantum exonéré .... 5.000 »

Perte dans l'exploitation de notre maison
de Lyon, gênée dans son exploitation.... 10.425 10

6 % du capital engagé dans notre maison
de Lille, soit sur 100.000 francs.......... 6.000 »

Amortissements habituels afférents à cet
établissement .... 31.650 »

Nos marchandises en dépôt en pays ennemis
et en contrées envahies 63.215 50

Réserve pour pertes éventuelles, sur
créances moratoriées .... 30.000 » 146.290 60

    Bénéfice net soumis à la taxe................ 30.502 90

dont moitié pour l'Etat.

Notre bilan s'établira donc ainsi :

ACTIF

Actif disponible :

    Espèces en caisse 43.805 10

    —   en Banque 350.412 65

Actif réalisable :

    Débiteurs divers 843.210 50

    Marchandises en stock 210.615 60

    Portefeuille .... 10.000 »

    Effets à recevoir 41.615 20

Actif immobilisé :

    Fonds de commerce .... 150.000 »

    Dépôt de garantie .... 2.100 »

    Matériel et outillage 65.612 50

    Loyer d'avance .... 3.000 »

1.720.371 55

PASSIF

Capital engagé .... 500.000 »

Exigibilités :

Créditeurs divers 193.578 10

Avance Drou et Cie .... 400.000 »

Cautionnements des gérants .... 50.000 »

Dû sur marchés en cours 106.162 90

Réserves et amortissements :

Amortissement sur fonds de commerce .... 100.000 »

Amortissement sur matériel .... 50.000 »

Réserves pour risques de guerre 146.290 60

Taxation de guerre 15.251 45

Bénéfice de l'exercice 159.088 50

1.720.371 55

Ainsi que je l'ai dit, toutes les réserves pour risques de guerre devront être révisées dans les 12 mois de la cessation des hostilités, pour être ramenées ou portées aux montants réels des dommages causés.

*
* *

La promulgation de la loi sur la taxation des bénéfices de guerre a fait apparaître la nécessité de respecter l'article 10 du Code de commerce, obligeant tous les commerçants à faire parapher leur journal et leur livre d'inventaire chaque année. Ceux qui ont négligé cette formalité manqueront d'éléments de discussion en cas de contestation entre eux et le fisc. Leurs livres, ne pouvant justifier d'une date certaine par le paraphe du Tribunal consulaire, pourront être mis en doute, quant à leur exactitude, par les agents de l'administration.

La loi de finance pour l'année 1917 vient d'être promulguée. Elle ne fait que changer le taux de la taxation des bénéfices de guerre excédant 500.000 francs, lequel est porté de 50 % à 60 %.

Il y aura donc lieu, le cas échéant, de tenir compte de cette augmentation dans l'établissement de la part revenant à l'Etat.

Imp. spéciale de " l'Exportateur Français ", 37, Rue St-Lazare - PARIS.

L'EXPORTATEUR
FRANÇAIS
Paraît tous les Jeudis

□ □

L'EXPORTATEUR FRANÇAIS ne fait de propagande et ne reçoit de publicité que pour les Maisons françaises vendant des produits français.

□ □

Il insère gratuitement toutes demandes d'articles et toutes offres ou demandes de représentation.

□ □

Rédacteur en Chef
MAURICE AJAM
Député
Ancien Sous-Secrétaire d'État

□ □

Si vous désirez augmenter vos relations commerciales avec l'étranger, vous avez intérêt à vous abonner dès maintenant à l'EXPORTATEUR FRANÇAIS

Abonnements un an : FRANCE 15 fr. - ÉTRANGER 25 fr.
Le numéro . — 0 fr. 30 — 0 fr. 50

□ □

PUBLICATIONS L. VAUDECRANE & Cⁱᵉ

Téléphone : LOUVRE 26-60   1, Rue Taitbout, PARIS   Téléphone . LOUVRE 26.60

Imprimerie DUBOIS & BAUER, 37, rue Saint-Lazare, PARIS   Le Gérant : Pierre DASSIER